Jaime y Juanito estaban ansiosos para subirse al autobús. Ellos iban al rancho de Abuelo Chilo. El les había prometido llevarlos al Jaripeo anual en julio. Mientras les ayudaba a hacer sus maletas, Mamá les preguntó, "¿Saben qué es el jaripeo?"
"¿No es como un rodeo o una charreada?" dijo Jaime.
"¡Exacto, y se van a divertir mucho viendo todas las pruebas emocionantes!"

Jim and Johnny could hardly wait to get on the bus. They were going to Grandpa Chilo's ranch. He had promised to take them to the annual Jaripeo in July. While Mom helped them pack their bags, she asked them, "Do you know what the 'jaripeo' is?"
"Isn't it kind of like a rodeo?" said Jim.
"You're right, and you will have so much fun watching all of the exciting events!"

En el rancho todos se levantan muy temprano. Juanito y Jaime se dieron prisa a la cocina para almorzar – jugo de naranja, huevos con chorizo, pan tostado y jalea – ¡qué sabroso! Abuelo Chilo y unos de los vaqueros estaban hablando del jaripeo. José dijo, "Marcos, tú eres el mejor a enlazar a los becerros, pero a mí me gusta montar los toros."
"Sí, pero Don Chilo es el experto haciendo las suertes con el lazo," dijo Marcos.

Everybody gets up early at the ranch. Johnny and Jim hurried to the kitchen to eat breakfast – orange juice, eggs with sausage, toast and jelly – delicious! Grandpa Chilo and some of the cowboys were talking about the "jaripeo". José said, "Marcos, you are the best at calf roping, but I like to ride the bulls." "Yes, but Don Chilo is the expert with the rope tricks," said Marcos.

Abuelo Chilo les dijo a todos, "Trabajo antes de diversión. Vamos a hacer todos nuestros trabajos. Entonces tendremos bastante tiempo para practicar para el jaripeo."
Jaime y Juanito pusieron alfalfa y agua fresca para los caballos. Los dos ayudaban a limpiar el granero. Cuando estaba terminado todo el trabajo, Abuelo Chilo preguntó, "¿Quién quiere montar a caballo?"
"¡Yo quiero!" "¡Yo quiero!" gritaron Jaime y Juanito.

Grandpa Chilo told everyone, "Work comes before fun. Let's get all our work done. Then we will have plenty of time to practice for the 'jaripeo'." Jim and Johnny put out alfalfa and fresh water for the horses. They both helped clean out the barn. When all the work was done, Grandpa Chilo asked, "Who wants a horseback ride?"
"I do!" "I do!" Jim and Johnny both shouted.

Abuelo Chilo le puso una montura a una yegua mansa llamada Jazmín y le ayudó a Jaime a montarla. Juanito montó a un caballito llamado Jacinto. Jaime se fijó muy bien mientras su abuelo y los vaqueros practicaban. Pronto él comenzó a aprender unas de las suertes. Juanito miró también. El quería montar uno de los caballos grandes y hacer suertes, pero todos siempre le decían que él era muy chiquito.

Grandpa Chilo put a saddle on a gentle old mare named Jasmine and helped Jim get on her. Johnny got to ride a little horse named Jacinto. Jim watched carefully while his grandfather and the cowboys practiced. He soon began to learn some of the tricks. Johnny watched too. He wanted to ride a big horse and do tricks, but everyone kept telling him he was too little.

Juanito encontró un pedacito de cuerda y trató de hacer unas suertes. La cuerda se le resbaló de las manos y le pegó a Jacinto. Jacinto respingó y relinchó muy fuerte. Juanito estaba tan asustado que salió corriendo y se escondió en el granero.

Johnny found a little piece of rope and tried to do some of the tricks. The rope slipped out of his hands and hit Jacinto. Jacinto bucked and neighed loudly. Johnny was so frightened that he ran and hid in the barn.

Jaime buscó a Juanito por todas partes. Cuando lo encontró, le preguntó, "¿Qué pasó?"
Juanito le explicó, "Estaba tratando de hacer las suertes como tú."
Jaime lo abrazó y le recordó, "Recuerda lo que Mamá siempre dice – 'todo a su debido tiempo'. Yo te ayudo a aprender unas suertes y podemos practicar juntos."

Jim looked all over for Johnny. When he found him, he asked, "What happened?"
Johnny explained, "I was just trying to do some tricks like you."
Jim put his arm around him and reminded him, "Remember what Mom always says – 'there's a time for everything'. I'll help you learn some tricks and we can practice together."

Jaime encontró una cuerda más larga y le enseñó a Juanito como hacer un lazo. Jaime le dijo a Juanito, "Si practicamos las suertes, un día cuando estemos más grandes, podremos participar en el jaripeo."

Jim found a longer piece of rope and showed Johnny how to make a lasso. Jim told Johnny, "If we practice the tricks, some day when we are older, we will be able to participate in the 'jaripeo'."

El día del jaripeo, Abuelo Chilo les tenía una sorpresa. Les regaló a cada uno un traje de charro y un par de botas nuevas. Les dijo, "¡Ustedes van a montar en la presentación del Gran Jaripeo!"

On the day of the "jaripeo", Grandpa Chilo had a surprise. He gave each boy a charro suit and pair of new boots. He told them, "You are going to ride in the Jaripeo Grand Entrance!"